AF268298

DE

SAINT - DOMINGUE.

DE L'IMPRIMERIE DE POULET,
Quai des Augustins, n°. 9.

DE SAINT-DOMINGUE.

OBSERVATIONS

SUR

UN ARTICLE

INSÉRÉ DANS LE CONSTITUTIONNEL,

LE 31 AOUT 1819.

PARIS,

A LA LIBRAIRIE DU MERCURE DE FRANCE,

Chez PLANCHER, Editeur du Manuel des Braves,

Rue Poupée, n°. 7.

1819.

HISTOIRE DE LA RÉPUBLIQUE D'HAÏTI, ou SAINT-DOMINGUE, L'ESCLAVAGE ET LES COLONS; par CIVIQUE DESGATINES, auteur de LA LIBERTÉ DES PEUPLES. Un vol. in-8°; prix, 4 francs.

A Paris, *à la librairie du Mercure de France*, chez PLANCHER, Editeur du *Manuel des Braves*, rue Poupée, n°. 7.

Et à SAINT-DOMINGUE, chez tous les Marchands de Nouveautés.

DE

SAINT - DOMINGUE.

Observations sur un article inséré dans le Constitutionnel, le 31 Août 1819 (1).

J'AI lu dans le Constitutionnel, (31 Août), des réclamations sur la lettre qu'il a publiée le 12 , concernant Saint-Domingue. L'auteur de ces réclamations est dans l'erreur sur plusieurs points. Ces erreurs sont un peu trop fortes pour que je puisse les passer sous silence, vû que j'étais à Saint-Domingue, lorsque les faits cités ont eu lieu. Le réclamant n'est pas le seul qui ait connu ce pays-là, en admettant même

____

(1) Observations que le rédacteur dudit Journal s'est obstinément refusé à mettre dans sa feuille.

qu'il l'ait jamais connu. Je serais porté à croire le contraire, d'après la haute opinion qu'il parait avoir, ou veut faire prendre du roi Henry. Il est vraisemblable que ce personnage, partisan de Christophe, ne le connait que par les oui-dire de ses proneurs (et ils sont en bien petit nombre), lesquels le peignent avec des qualités qu'ils n'a pas; pour s'en convaincre, on n'a qu'à lire son Manifeste du 18 septembre 1814, ainsi que l'écrit du baron Vastey, précepteur du fils aîné de ce roi, écrit intitulé: *Réflexions politiques sur quelques ouvrages et journaux français, concernant Haïti.*

Ami de l'humanité, également attaché à toutes les couleurs disséminées sur le globe, je ne vois partout que des hommes, mes frères et mes amis; j'accueille la vérité de quelque part qu'elle vienne, et je repousse le mensonge....

C'est pourquoi je viens réfuter les citations fausses du réclamant, et les remplacer par nombre de faits atroces, malheureusement avérés, de ce Henry qu'il a cru digne de son estime.

Lors des dissentions entre Rigaud et Toussaint-Louverture, Christophe fut le bourreau de tous les hommes de couleur qui tombèrent en son pouvoir dans la ville du Cap. Le dernier qu'il fit mourir fut Molines, son ancien ami et son camarade de jeux de hasard. Moyse, l'un de ses chefs, justement indigné de ces massacres, s'opposa à ce qu'il les continuât, ce qui établit une haine éternelle entr'eux.

D'après les fausses notions consignées dans la lettre dont est question, on peint ce Moyse comme ayant voulu faire assassiner les blancs et Christophe comme les ayant sauvés. C'est absolument le contraire, et c'est précisement parce qu'il s'est montré trop Français, si je peux m'exprimer ainsi, qu'il s'est attiré l'animadversion de Toussaint-Louverture, de Christophe et de Dessalines. C'est en récompense de ses sentimens dignes des plus grands éloges, que ces trois cannibales firent arrêter Moyse, et le livrèrent à un conseil de guerre dont le général français P...l, habitant Paris, était le président. Moyse fut absous... S'il s'était couvert du crime d'assassiner les blancs, aurait-il donc trouvé des blancs pour l'absoudre ? Toussaint, trompé par ce jugement qui contrariait ses projets, le cassa de son autorité privée et fit déporter sur le champ les membres du conseil de guerre, le président compris. Toussaint, dis-je, pour assouvir sa vengeance contre Moyse, convoqua de suite un nouveau conseil de guerre, qui, dans le sens inverse du premier,

condamna à mort d'une voix unanime
cet infortuné. Il fut exécuté deux heures après, sans qu'il lui fut permis de
former appel, faculté qu'on ne refuse
nulle part à aucun condamné. Tirons
le rideau sur cet assassinat qui est
une tache inéfaçable à la mémoire de
Toussaint.

Parlons maintenant avec détail de
Christophe (le roi Henry).

Quelle a été sa conduite lors de l'ar-
rivée de l'armée du général Leclerc ?
De brûler la ville du Cap, de faire
sauter les poudrières, de tirer sur les
vaisseaux français, de tuer de sa pro-
pre main son aide-de-camp, frère du
général qu'il venait d'exiler, unique-
ment pour avoir osé lui faire des re-
présentations en faveur des Français,
d'envoyer des troupes au poste à Vigie
(prétendu poste de salut des blancs),
d'où il les contraignit de sortir, les fe-

sant poursuivre au haut du Cap afin de les entraîner dans les doubles montagnes (1).

Christophe, ajoute l'auteur de la lettre dans ses réclamations, a été le premier qui ait reconnu l'autorité du général Leclerc : il l'a, au contraire, constamment méconnue et entravée.

Il est bien vrai que Christophe a envoyé l'un de ses fils en France, mais non comme garantie de sa bonne foi, ainsi qu'il est dit dans le Constitutionnel, nniquement pour y faire son éducation.

Il est faux, que ce fils, mort en France, y ait été dénué de tout moyen d'existence.... Le gouvernement français, au contraire, lui a accordé tous les secours possibles, ainsi que

____

(1) Lisez à ce sujet l'Histoire de Saint-Domingue, par M. le baron Pamphile de la Croix.

S. M. les continue journellement aux
enfans de Toussaint-Louverture.

Christophe n'a élevé à Saint-Domingue qu'une seule forteresse connue
sous le nom de Citadelle Henri (ha-
bitation Lafférière), siége de ses crimes clandestins. L'humanité n'a pas
seulement à gémir sur les blancs qu'il
y a mutilés, mais encore sur les hommes de couleur de tout âge et de tout
sexe, ainsi que sur les noirs, ses frères
et ses soldats qu'il a fait égorger après
la reprise du Môle, notamment le général Toussaint, le colonel Auguste
Coignac, tous deux noirs, plus, le
nommé Ignace, également noir, auquel il en voulait depuis long-temps,
et qu'il fit pendre par les pieds. Cet infortuné exista ving-quatre heures dans
cette horrible position, qui lui fit
éprouver mille morts.

Que Christophe rende compte des

nombreuses victimes qu'il a fait disparaître depuis sept ans!!,...

De M. Servant, subrécargue français, à bord d'un bâtiment américain,
qui avait porté le général Rigaud aux
Cayes.

Des trop confians et trop généreux
Bellecourt jeune et Montorcier, qui
commerçaient depuis long-temps chez
ce barbare, et qu'il fit disparaître dans
une nuit!

D'un capitaine américain qu'il pen-
dit à la balance de ses douanes!

Du révérend père Brelle, son aumô-
nier, fait évêque par lui pour le sacrer
lors de son couronnement, et auquel il
donna la mort pour prix de sa trop
grande condescendance!

De Justammont, son médecin fa-
vori, conservé du grand massacre par
Dessalines, connu au cap depuis
3o ans, pour l'homme du monde le

plus humain, le plus modéré; il le fit assommer à coups de bâton devant l'hôpital même qu'il desservait!

De Siccard, homme de couleur, son compère et son ami, qu'il fit passer au fil de l'épée, pour avoir osé lui raconter un rêve qu'il venait de faire, lequel rêve blessait son orgueil!

De Papayer, l'un de ses généraux, qu'il fit massacrer pour avoir *ri*, dit-il, en apprenant que sa frégate de 44 canons avait abandonné sa cause pour se ranger sous les bannières du président Pétion!

De Dugoirand, homme de couleur, son ancien ami, fait prisonnier par les siens, allant de Jérémie au Môle, et contre lequel il conçut l'assemblage des crimes inouïs que ma plume semble se refuser à tracer. Christophe eut l'air de bien accueillir Dugoirand, et l'engagea à faire venir des Cayes au

Cap, par la voie de la Jamaïque, sa femme et leur nièce, nommée Elmire, jeune porsenne de dix ans, lui donnant même l'argent nécessaire à leur voyage. Ce malheureux Dugoirand, croyant sincères les protestations d'amitié que lui prodiguait Christophe, écrivit à sa famille afin qu'elle vint le rejoindre au Cap. Dès qu'ils y furent tous réunis, il les fit massacrer à coups de bayonnette, sans excepter Elmire.!!

Qu'il rendé compte surtout de plus de *cent* femmes de couleur qu'il fit égorger au retour de son dernier siége du Port-au-Prince, les unes pour n'avoir point été à l'église prier Dieu pour la victoire de ses armes, les autres pour y avoir, disait-il, prié contre!!...

C'est bien là la scène du Loup et l'Agneau du bon La Fontaine.

Si ce n'est toi, c'est un des tiens.

Sa citadelle (Henry) lui sert à faire disparaître tous ceux qu'il suspecte vouloir fuir son odieuse tyrannie ; aussi personne n'ignore que nombre de ses soldats désertent journellement ses drapeaux pour se rendre sous ceux de la république d'Hayti.

Ce bon roi Henry, qui, dit-on, ne viole jamais le droit des gens, tient cependant prisonnier le malheureux Médina , l'un des colloborateurs de Dauxion-Lavaysse ! Quelles que soient les propositions que cet envoyé ait été chargé de lui faire, Médina n'est coupable d'aucun crime envers Christophe. Quelle différence entre cette conduite et celle tenue à l'égard de Dauxion par le peuple et le gouvernement de la république d'Haïti ! !.. Vos propositions ne peuvent convenir à un peuple libre, lui dit-on, retournez en paix dans votre patrie, et rendez-lui notre réponse (1).

La liberté de la presse donnant à chacun le droit de dire ce qu'il pense, j'ai usé de cette même liberté pour dissuader ce réclamant des erreurs dans lesquelles il est tombé.... En résumé, cependant, je suis d'accord avec lui sur ce qu'il dit judicieusement dans son dernier paragraphe.

P. P. P. DULUC,

Domicilié à Paris, rue du Faubourg Montmartre, N°. 25.

Paris, le 6 Septembre 1819.

---

(1) Qu'on lise la Correspondance de Pétion avec Dauxion-Lavaysse, et que l'on juge qui de Christophe ou du Président d'Haïti mérite l'estime des Nations!!!